A Book
for Kids About
ADHD

ADHD 극복하기

얘들아!
천천히 행동하고
주의집중하는 것을
배워 보자

Kathleen G. Nadeau, Ph. D. and Ellen B. Dixon, Ph. D.

양명희 · 황명숙 공역

학지사

역자 서문

ＡＤＨＤ로 고생하는 많은 어린이들이 스스로를 이해할 수 있도록 그리고 스스로 집중과 자기조절을 배워 나갈 수 있도록 어린이 중심으로 쓰였다는 점에서 대단히 고무적이다……

"나는 ADHD라서 안 된단 말이야……." 전화 속에서 들려오는 아들 목소리였다. 미국에서 대학교에 다니는 아들은 어릴 적부터 꽤 자주 (아마도 뭔가가 잘 안 돼서 속상할 때) 이와 같은 하소연을 한다. 듣는 엄마의 마음 깊은 곳이 아려 온다. 아들은 ADHD라고 진단받은 적이 없었으나 자신이 그 증세를 많이 가지고 있다고 여긴다.

최근 들어 점점 많은 아이들이 ADHD(주의력결핍과잉행동장애)로 진단받고 있다. 그들은 주의집중하고 천천히 행동하는 데 어려움을 겪는다. 주의집중하기와 그 파트너라 할 수 있는 자기조절은 모든 배움의 과정에서 기초가 된다. 이 중요한 능력의 뿌리는 두뇌의 생리학적인 부분에 있을지라도 어린이들이 그 자신만의 집중 메커니즘을 이용하여 일상의 삶을 이끌어 나가는 데는 가정과 학교라는 사회적 환경에서의 경험이 지대한 영향을 끼친다.

주의집중이 요구되는 여러 상황 속에서, 집중이 쉽지 않은 ADHD 어린이들은 어떤 마음으로 순간순간을 경험하며 또 어떤 상태로 내일을 맞이할까? 아무도 자신의 어려움을 알아주지 않는다고 느껴질 때의 뼛속 깊은 외로움과 그 어려움에 대하여 어떻게도 해볼 수 없다는 무력감은 어린이를 자포자기로 행동하게 만들고 잘 자라지 못하게 한다. 진심으로 이해해 주는 어른 곁에서 스스로를 알고 자기 힘으로 문제를 극복할 수 있다고 느낄 때 어린이들은 마음을 열고 세상의 도전을 받아들이며 점점 강하게 자라난다.

그 용기 있는 여정의 첫 걸음은 자기 자신을 아는 것이다. 『얘들아! 천천히 행동하고 주의집중하는 것을 배워 보자』는 ADHD로 고생하는 많은 어린이들이 스스로를 이해할 수 있도록 그리고 스스로 집중과 자기조절을 배워 나갈 수 있도록 어린이 중심에서 쓰였다는 점에서 대단히 고무적이다.

이 책은 크게 네 부분으로 나누어져 있다. 제1부는 자신을 좀 더 잘 알 수 있도록 스스로 평가해 볼 수 있는 검사지로 이루어져 있다. 제2부는 ADHD 아동을 도울 수 있는 사람들이 누구이며 그들이 무엇을 할 수 있는지 설명해 주고 있다. 제3부는 아동이 스스로를 돕기 위해 자신이 할 수 있는 일들을 알기 쉽게 이야기하듯이 전해 주고 있다. 제4부는 부모님이 자녀를 돕기 위해 자녀와 함께 할 수 있는 여러 활동들과 ADHD에 대한 유익한 정보를 제공하고 있다.

ADHD를 가진 소년으로 성장하여 대학교수가 된 Robert Jergen은 자신이 26세가 되어서야 ADHD로 진단받았을 때의 심정을 그의 책 『리틀 몬스터(학지사, 2005)』에서 이렇게 묘사하고 있다.

한때 나는 인생의 패배자라는 좌절감에 휩싸였다. 남들과는 다른 별종으로, 점점 미쳐 버리는 것 같아, 사태가 더 나빠지기 전에 죽어 버려야겠다고까지 생각하지 않았던가. 그러나 지금 이 순간, 나는 ADHD를 가진 것에 불과하다는 것을 알게 되었다. 그리고 더욱 중요한 것은, 나 같은 사람들이 또 많이 있다는 걸, 내가 혼자가 아니라는 걸 알았다는 것이다. …… 아, 인생의 멍에를 벗어 버린 듯한 그때 그 기분을 내가 어떻게 말로 표현할 수 있을까. …… 모든 것이 명료해지는 기분이었다. 내가 자라면서 겪었던 모든 문제를 설명해 주고 있었다. 나는 결코 실패자도 멍청이도 아닐 뿐더러, 꾀를 부리는 나태한 사람도 아니고, 정신분열도 아니었다. 나는 ADHD를 가진 것이다.

자기가 누구인지를 이해한 후, Robert는 여전히 ADHD의 문제들을 가지고 있었지만 예전과는 비교할 수 없는 전혀 다른, 평화롭고 풍요로운 삶을 살 수 있었다.

이 책을 읽은 아이들 중에 제2, 제3의 Robert가 많이 나와서 자신의 ADHD를 장점으로 살려내며 인생을 멋지게 꾸려 갈 수 있기를 간절히 바란다.

2007. 8.

양명희, 황명숙

머리말

부모님과 어린이를 돕는 분을 위한 글

많은 부모님들이 "ADHD(주의력결핍과잉행동장애)에 대하여 아이에게 어떻게 말해야 하나?" 하는 의문을 가지고 있습니다. 모든 부모님은 자기 자녀가 실제적이고, 긍정적이고, 건설적인 방법으로 ADHD를 이해하도록 간절히 돕고 싶어합니다. 이 책은 부모님들로 하여금 ADHD의 어려움에 직면한 자녀들을 적절히 이끌어 주도록 하기 위한 완벽한 학습도구로써 제작되었습니다. 한 어린이 독자가, "이 책은 나를 참 잘 알고 있네요." 라고 말한 것처럼 『얘들아! 천천히 행동하고 주의집중하는 것을 배워 보자』는 어린이를 중심으로, 어린이의 관점에서 쓰였다는 점에서 특별한 책입니다.

이 책은 주의집중과 과잉행동의 어려움을 가진 아이들이 직접 읽을 수 있도록 만들어졌습니다. 주로 초등학교 연령 어린이를 대상으로 쓰인 이 책은 어린이의 관심을 끌 수 있는 만화를 사용하고 있어 읽기가 아주 쉬울 뿐 아니라(읽기를 즐기지 않은 어린이라도), 짧게 구분하여 조금씩 읽을 수 있도록 되어 있습니다.

이 책은 크게 네 부분으로 나누어져 있습니다. 첫째, 나에 대한 검사지·체크리스트, 둘째, 나를 돕기 위하여 다른 사람이 할 수 있는 것, 셋째, 나를 돕기 위하여 내가 할 수 있는 것, 넷째, 부모님과 함께 하는 특별한 활동이 그것입니다. 자녀와 함께 이 책을 읽으면서 유익해 보이는 내용이 있을 때마다 잠깐씩 자녀와 같이 이야기하면서, 한 번에 한 부분씩 해보시기 바랍니다.

어린이들이 스스로를 돕기 위하여 익힐 수 있는 방법을 다루는 제3부는 어린이 스스로가 주의력결핍과 과잉행동의 어려움을 극복하는 기술을 익히기 위해 필요한 지침으로써, 반복하여 사용해야 할 것입니다.

각 부가 끝나는 마지막 부분에는 재미있는 활동이 포함되어 있습니다. 이렇게 한 것은 어린이가 편안하고 긍정적인 마음으로 각 부분들을 마무리하도록 하기 위한 것입니다.

　　근래에 주의력결핍과잉행동장애(ADHD)로 진단을 받은 어린이들은 아주 많은 다양성을 보입니다. 과잉행동을 하면서 충동적인 어린이들이 있는가 하면, 보다 조용하면서 주의가 산만한 어린이들도 있습니다. 어떤 어린이들은 집중하는 데 심각한 어려움을 겪는데도 ADHD 진단상의 까다로운 기준에는 벗어나는 경우도 있습니다. 이러한 모든 어린이들이 즉각적인 도움과 개입을 필요로 합니다. 이런 이유로 이 책이 만들어진 것입니다.

　　이 책의 최근 3차 개정판에서는 ADHD에 대한 이해와 그 대응방법에 있어서 여러 가지 달라진 점들을 반영하였습니다. 예를 들면, ADHD를 다루는 약물의 안정성과 효용성에 대한 연구가 증가함에 따라, 약물과 그 효과에 대하여 어린이에게도 좀 더 많은 설명을 할 수 있게 되었습니다. 또 하나의 중요한 변화는 어린이 중심의 초점을 더 강화시킨 점입니다. ADHD에 관한 책의 대부분이 어른을 걱정시키는 어린이의 부적절한 행동을 강조한 반면에, 여기서는 어린이 관점에서 어린이 자신에게 어려움을 주는 문제에 대해 더 많이 다루었습니다.

　　이 책이 여러분의 자녀가 자신에 대하여 배워 나가며 자신을 이해하고 스스로를 돕는 긴 인생여정을 시작하는 데 즐거운 통로가 되기를 바라는 바입니다.

Kathleen Nadeau, Ph. D.

Ellen Dixon, Ph. D.

어린이들을 위한 글
(어린이들만!)

학교에서 주의를 집중하거나 저녁에 집에서 숙제를 끝내는 것이 어려운 어린이들이 있어요. 이런 아이들 중 어떤 아이들은 아주 활동적이어서 가만히 앉아 있기가 어렵지요. 또한 그 마음이 학교보다 더 흥미로운 수만 가지 다른 것들로 가득 차 있어서, 학교에서 주어진 학습에는 마음을 두기 어려운 아이들도

있답니다. 그런 아이들은 아마 해야 할 일을 잊어버리거나 물건을 잃어버리거나 혹은 생각하기도 전에 행동부터 하기 때문에, 사고를 일으키기도 하겠지요.

이와 같은 어려움을 갖고 지내는 것은 어려운 일이에요. 학교에서 하루 종일을 지내는 것도 힘들고 밤에 숙제를 다 끝내기는 더욱 힘이 들지요. 때때로 이 아이들은 다른 아이들과 어울리는 데 어려움을 갖기도 하고, 누군가 항상 자신에게 화가 나 있는 것처럼

전 도움이
필요한 것 같아요.

느끼기도 한답니다.

만약 여러분이 이러한 어려움 중 어느 하나라도 가지고 있다면 이 책이 도움이 될 수 있어요. 이러한 문제점이 좀 더 나아지도록 할 수 있는 여러 가지 방법이 있거든요. 어떤 일은 자기 자신을 위하여 스스로 할 수 있는 것들이에요. 또한 부모님, 선생님, 의사 선생님, 상담 선생님, 특별개인지도 선생님에게 도움을 받을 수도 있답니다. 자, 이제 부모님이나 다른 어른과 함께 이 책을 읽고, 읽은 것에 대하여 서로 이야기를 나누어 보기로 해요.

앞에서 설명한 그런 어린이들은 ADHD, 혹은 주의력결핍과잉행동장애라고 부르는 어려움을 가지고 있답니다. 전에 아마 이런 이름을 들어 본 적이 있을지도 모르겠네요 (그냥 주의력결핍장애라고 부르기도 해요). 이런 어려움을 가진 어린이들은 사람들이 '졸린 머리'라고 부르는 것을 가지고 있다고 보면 되요. 이 말은 머릿속의 어느 부분이(예를 들면,

행동하기 전에 생각하도록 하는 부분, 좀 지루해도 그대로 앉아서 주의집중하도록 하는 부분, 기억하고 정돈하도록 하는 부분), 마치 조금 졸음이 올 때와 같이, 원하는 대로 잘 움직이지 않을 때가 있다는 뜻이에요.

때로는 이 어린이들에게 학교는 너무도 힘든 곳이 되는데 그 이유는 학교가 재미없어 보이기 때문이지요. 이런 어려움을 가진 어린이들은 재미있고 흥미로운 것을 하기를 좋아하는데, 학교가 항상 흥미롭고 재미있는 것은 아니거든요.

아마 들어 본 적이 없겠지만, ADHD 어린이들 중 많은 어린이들이 영리하고 창의적이에요. 또한 아주 유명한 그리고 성공한 사람들 중에도, 이런 어려움을 가진 사람들이 있답니다.

부모님은 여러분들이 자기 자신에 대하여 좋게 생각하고, 학교에서나 친구들과 함께 있을 때, 또 집에서 보다 나은 시간을 보내도록 도와주고 싶어서 이 책을 사 주셨을 거예요.

우리는 여러분이 이 책을 읽은 다음 어떻게 생각하는지 듣고 싶어요. 부모님과 선생님을 위하여 쓰인 ADHD에 관한 책은 아주 많지만 어린이들도 자기 자신의 책을 가질 권리가 있다고 생각해요. 이 책이 바로 어린이 여러분을 위한, 여러분의 책이랍니다.

많은 어린이들이(물론 일부 어른들도) 주의집중하는 데 어려움을 가지고 있어요. 그들에게 가만히 앉아서 듣는 것이 쉽지 않기 때문이지요.

- ☐ 가만히 앉아 있는데도 마치 안에서 모터가 막 돌고 있는 것처럼 느낀 적이 있나요?
- ☐ 앉아서 선생님 말씀을 들어야 할 시간에 꿈틀거리거나 움직이고 싶은가요?
- ☐ 말을 많이 하고 싶고, 교실에서 조용히 하고 있기가 어려운가요?
- ☐ 손을 들고 선생님이 이름을 부를 때까지 기다리는 것을 잊어버리나요?
- ☐ 자기의 순서를 기다리기가 어려운가요?
- ☐ 줄을 서서 기다릴 때 장난하고 놀다가 다른 아이들과 부딪치곤 하나요?

위의 질문에 '그렇다'라고 대답한 것이 많다면 에너지가 아주 많다고 할 수 있어요! 그렇게 많은 에너지를 가지고 있다면, 학교에서 마음을 가라앉히고 집중하기가 쉽지 않을 거예요.

어떤 아이들은 이야기를 듣고 있는 동안 아무것도 하지 않고 가만히 있는 것이 힘들어서 그림을 그리거나 낙서를 하지요. 책상에 앉아 집중을 하려고 하지만 아래 그림처럼 곧바로 상상의 세계로 빠져 들어가 교실에서 뭘 하는지 듣지 못하게 되는 아이들도 있어요.

만약 여러분이 학교에서 주의집중하는 데 어려움이 있다면, 말 많고 안절부절못하는 쪽이거나 아니면 조용하면서 공상에 빠지는 경우일 거예요. 어느 쪽이라고 생각해요?

두 가지 모습을 조금씩 다 가지고 있을 수도 있답니다. 부모님께 어떻게 생각하시는지 여쭤 볼 수도 있겠네요. ADHD(주의력결핍과잉행동장애)를 가진 어린이들은 흔히 주의집중하기, 정리정돈하기, 해야 할 일 기억하기, 정해진 대로 일을 하기에 어려움을 겪어요.

ADHD 어린이들 중 서로 완전히 같은 경우는 없답니다. 이 책의 제1부에는 이런 어려움을 가진 어린이들이 자기 자신에 대하여 말한 내용들이 적혀 있어요. 각 항목을 엄마나 아빠와 같이 읽어 보고 자신의 경우와 같다고 생각하면 아래 그림처럼 그 옆의 네모에 체크표시를 하기로 해요.

여러분이 자기를 잘 설명해 주고 있는 항목에 체크표시를 모두 한 다음엔, 이제 성공적인 학교생활을 하고 친구들이나 가족들과 더 잘 지내도록 자기 스스로를 도울 수 있는 여러 방법들을 이야기할 거예요. 또한 부모님과 다른 어른들이 여러분을 어떻게 도울 수 있는지에 대해서도 알아보기로 해요.

차 례 C o n t e n t s

역자 서문

머리말

제1부 나에 대한 검사지 ·
체크리스트

제2부 나를 돕기 위하여
다른 사람들이 할 수 있는 것들

제1부

A Checklist
About Me

나에 대한 검사지 · 체크리스트

다음에 나오는 검사지는 ADHD, 즉 주의력 결핍과잉행동장애의 어려움을 가진 어린이들이 자신에 대하여 이야기한 것들을 모은 것이에요. 이것을 쭉 살펴보고 나면, 학교에 있을 때나, 친구들과 있을 때나, 집에 있을 때의 자신의 모습에 대하여 좀 더 확실히 알 수 있어요. 또한 자기가 아주 잘하는 것과 어려워하는 부분을 이해하는 데도 도움이 될 거예요. 체크한 것들을 부모님과 같이 살펴보는 것은 이런 문제에 대하여 부모님과 이야기를 시작하기에 좋은 방법이지요. 이 체크리스트는 자기 자신과 ADHD에 대해 더 잘 이해하도록 도와줄 거예요.

학교에서

☐ 학교에 있을 때 나는 내 책상에 바르게 앉아 있기가 힘들다.

☐ 나는 손드는 것을 잊어버린다.

☐ 나는 내 책들과 연습장 종이들을 잘 정리정돈할 수가 없다.

☐ 나는 숙제를 잘 잊어버린다.

☐ 나는 교실에서 나의 과제를 시작하기가 어렵다.

☐ 선생님께서 내게 항상 하시는 말씀은 "천천히, 서두르지 말고!" 이다.

☐ 내 책상은 보통 엉망이다.

☐ 나는 선생님께 숙제 내는 것을 잊어버린다.

☐ 나는 선생님께서 주신 지시사항을 기억하기가 어렵다.

☐ 내가 선생님 말씀을 열심히 들어 보려고 노력할 때조차도
   딴 생각이 들 때가 있다.

☐ 교실에 있는 대부분의 시간에 싫증이 난다.

☐ 내가 하고 싶은 것들을 할 수 있다면 학교가 훨씬 좋을 것 같다.

☐ 내가 할 일을 제시간에 끝내지 못하면 선생님께서 나에게 화를 낼 것
   같아서 무섭다.

☐ 내가 제대로 집중하고 있지 않을 때 선생님께서 내 이름을 부르시면
   쩔쩔매게 된다.

☐ 학교 과제를 할 때 제대로 하는 법을 알고 있는데도 잘 못하게 된다.

☐ 내 글씨는 상당히 엉망이다.

☐ 내가 좋아하는 것들을 할 때는 난 꽤 영리하게 잘한다.

☐ 난 상상력이 풍부하다.

☐ 책상에 그저 앉아 있는 것 대신에 일어나서 뭔가 할 수 있다면 학교가 훨씬 더 좋을 것 같다.

☐ 우리의 생각들을 이야기할 수 있고 흥미로운 프로젝트를 하면 학교도 재미있을 것이다.

☐ 선생님께서는 내가 다른 아이들을 너무 많이 방해한다고 하신다.

☐ 내가 책상에 앉아서 하는 일을 다른 아이들처럼 빨리 끝내는 일은 절대 없을 것 같다.

☐ 때때로 교실에서 이야기하다가 혼이 난다.

친구들과 있을 때

- ☐ 때때로 나는 다른 아이들에게 화가 나서, 욕하고 놀리게 되고 혹은 싸우기까지 한다.

- ☐ 난 다른 아이들보다 기분이 더 쉽게 상한다.

- ☐ 때때로 아이들은 내가 자기들을 방해한다고 선생님께 불평을 한다.

- ☐ 나는 나보다 나이 어린 친구들이 몇 명 있다.

- ☐ 이유를 모르겠지만, 때로 다른 아이들은 나와 같이 놀려고 하지 않는다.

- ☐ 어떤 아이들은 나를 정말 재미있다고 생각하는데 선생님은 광대노릇한다고 화를 내신다.

- ☐ 엄마나 아빠는 내가 다른 아이들에게 너무 으스댄다고 말씀하신다.

- ☐ 때때로 아이들은 나를 괴롭히고 놀려댄다.

- ☐ 나는 친구가 더 많았으면 좋겠다.

- ☐ 때때로 나는 슬프고 외톨이처럼 느껴진다.

- ☐ 때때로 다른 아이들은 나를 놀리고 욕한다.

- ☐ 처음에 친구 만들기는 쉬운데 얼마 안 있어 그 아이들은 더 이상 내 친구가 아닌 사람이 되어 버린다.

내 자신에 대하여

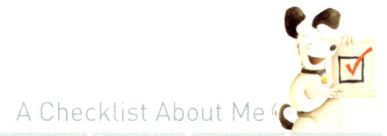

A Checklist About Me

☐ 학교 같은 것이 없었으면 내 인생은 아주 좋았을 것이다.

☐ 나는 내가 읽기나 쓰기나 산수에서 다른 아이들처럼 똑똑하지
못해서 걱정이다.

☐ 때때로 난 나는 똑똑한데 학교가 바보 같다는 생각이 든다.

☐ 나는 다른 아이들이 나를 더 좋아하면 좋겠다.

☐ 때때로 난 나에게 뭔가가 잘못되었다고 생각되는데 그것이
무엇인지 모르겠다.

☐ 난 내가 그렇게 쉽사리 화가 나지 않았으면 좋겠다.

☐ 난 학교공부가 너무 오래 걸릴 때면 화가 많이 난다.

☐ 시험을 치를 때 내가 배웠던 것들을 기억할 수 있다면 정말 좋겠다.

☐ 나는 아무리 안 그러려고 노력해도 물건들을 잘 잃어버리고
무언가를 잘 잊어버린다.

☐ 내가 어떻게 하든 상관없이 사람들이 나에게 화를 내는 것 같이
느껴진다.

☐ 난 사람들이 나를 놀릴 때 정말 싫다.

☐ 때때로 난 다른 아이들과 다른 것 같이 느껴진다. 외톨이인 것
같은 느낌이다.

☐ 난 부모님과 선생님들이 나의 좋은 점들을 더 많이 봐 주면 좋겠다.

집에서

☐ 때때로 나는 부모님이 부르는 소리가 안 들리는데 부모님은
　 내가 그냥 못 들은 척한다고 생각하신다.

☐ 난 형제자매와 자주 다툰다.

☐ 부모님은 가족 중에서 누구보다도 나를 더 괴롭히는 것 같다.

☐ 나는 숙제를 시작하는 것이 항상 어렵다.

☐ 나는 아침에 일어나고 학교시간에 맞추어 준비하는 것이 아주 힘들다.

☐ 나는 내게 하라고 맡겨진 일들을 하는 것을 깜빡 잊어버리는데
　 부모님은 내가 일부러 안 하는 거라고 생각하신다.

☐ 나는 숙제랑 집안일에 대하여 자꾸 잔소리를 듣는 것이 너무 싫다.

☐ 내가 하고 싶은 것들을 할 시간은 항상 충분치 않은 것 같다.

☐ 내 방은 아주 엉망이다.

☐ 나는 밤에 잠드는 것이 어렵다.

☐ 나는 학교 때문에 걱정이 되어 때로 배가 아프고 그냥 집에 있고
　 싶어진다.

☐ 나는 항상 뭔가 문제를 일으키는 것 같다.

다른 사람들이 좀
알아주었으면 하는 것들

☐ 나는 정말 학교에서 잘하고 싶다.

☐ 나는 일부러 무엇을 잃어버리거나 할 일을 잊는 것이 아니다.

☐ 난 사람들이 나보고 열심히 하지 않는다고 말할 때 속상하다.

☐ 나에 대하여 혼란스러울 때가 아주 많다.

☐ 나는 정말이지 다른 아이들이 나에게 화낼 만한 일을 하고 싶지 않다.

☐ 난 엄마와 아빠가 나를 자랑스럽게 생각하시기를 원한다.

걱정 없어요!
곧 도움이 시작되니까요!

축하! 축하! 검사지 완성!

체크 표시한 것들에 대하여 부모님과 이야기를 나누었나요? 부모님이 어떤 표시를 보고는 놀라기도 하셨겠지요? 혹시 부모님도 어렸을 적에 같은 기분을 느낀 적이 있었다고 말해 주셨나요? 여러 가지 문제가 있다고 엄청 많이 표시한 것처럼 느껴질 수도 있어요. 그렇지만······.

이 책의 다음 부분에서는 학교에서 다른 아이들과 함께 있을 때, 집에서 가족들과 함께 있을 때, 기분이 더 나아지도록 하는 방법에 대하여 이야기를 나눌 거예요. 그 방법들 중에는 다른 사람들이 여러분을 도울 수 있는 방법도 많이 있고, 여러분이 스스로를 도울 수 있는 방법도 많이 있어요.

만약 여러분이 이 책을 쓸 수 있도록 도와준 다른 어린이들과 비슷하다면 아마도 지금쯤 읽기에 싫증이 나기 시작했을 거예요. 그럴 수 있어요. 한동안 집중한 다음에는 잠깐 쉬는 시간을 가지는 것이 좋아요. ('집중'이란 말은 정말 열심히 주의를 기울이는 것을 말하거든요.)

쉬는 시간!

잠시 쉬면서, 옆의 친구들이 숙제 공책을 찾을 수 있도록 도와줄까요?

여러분은 숙제를 어디에 두었는지 잊어버렸을 때, 어떤 기분이 드는지 잘 알고 있을 거예요!

쉬고 나니 기분이 나아졌나요?

잘 배우기 위해서 피곤할 때 잠깐 쉬는 것은 좋은 습관이에요. 학교공부를 할 때, 열심히 집중하고 난 다음 15분이나 20분에 한 번씩 5분 휴식시간을 자신에게 주기로 하면 집중하기가 훨씬 쉬울 거예요. 엄마나 아빠에게 타이머를 맞춰 달라고 하면 쉬는 시간 5분이 끝났다는 것을 잘 알 수 있겠죠?

제2부

나를 돕기 위하여
다른 사람들이 할 수 있는 것들

많은 어린이들이 주의가 산만하고, 학교공부를 끝내지 못하고, 읽는 것이 어렵고 또 읽은 것을 기억하지 못하는 등 학교에서 여러 가지 어려움을 겪는답니다. 그들 중 몇몇 아이들은 다른 아이들과 어울리는 것도 어려워하지요. 이 아이들은 부모님과 말싸움을 하거나 슬퍼지고 낙담하는 등 흔히 집에서도 화가 나고 힘들 적이 많아요.

만약 지금 이 책을 읽고 있는 여러분이 이러한 문제들 중 몇 가지를 가지고 있다면, 도움을 받을 수 있어요. 주위에는 여러분을 도와 줄 수 있는 어른들이 많이 있어요. 예를 들면, 친구들이나 가족과 좀 더 잘 지내는 법을 가르쳐 줄 수 있는 상담 선생님이 있고, 학교과제를 더 빨리 끝내도록 가르쳐 주고 공부를 좀 더 잘할 수 있도록 도와주는 개인지도 선생님과 코치 선생님도 있어요. 또한 주의집중을 좀 더 잘하도록 도와주는 특별한 의사 선생님도 있답니다.

학교에서 도와주는 사람들

Things other People Can Do to Help Me

상담 선생님이나 개인지도 선생님처럼 여러분이 가진 어려움을 진심으로 이해하는 사람이 여러분을 도울 수 있도록 학교 선생님과 이야기를 나눌 수 있어요. 어떤 아이들의 경우 조용한 곳에서 공부하는 것이 도움이 되기도 하고, 학생 수가 적은 학급에서 공부하는 것이 도움이 되기도 한답니다. 눈길을 끄는 것이 적으면 집중을 더 잘할 수 있거든요.

이 새 교실에서
공부하는 것이
저 친구에겐
훨씬 쉽지!

친구와의 문제나 나의 기분과 관련하여 도와주는 사람들

Things other People Can Do to Help Me

때로는 어떻게 친구들을 사귀는지 또 다른 아이들과 어떻게 잘 지낼 수 있는지를 가르쳐 주는 상담 선생님을 만나 보는 것이 여러분에게 도움이 될 수 있어요. 상담 선생님께는 집이나 학교에서 겪는 어려움이 무엇이고 그 어려움에 대하여 어떻게 느끼는지 다 말할 수 있어요. 상담 선생님은 작은 일 가지고 야단법석을 떠는 일도 없고 "다네 잘못이야."라고 말하는 일도 없답니다.

상담 선생님과 이야기를 하면 자기 자신을 더 잘 알 수 있고 더 자신감이 생기도록 도움을 받을 수 있어요. 만약 상담 선생님을 만나기로 했다면 이 책을 가지고 가는 것이 좋아요. 이 책의 처음 부분에서 체크 표시한 것을 보여 드리면 상담 선생님은 어떻게 해야 할지 방법을 찾아내도록 여러분을 도와줄 수 있거든요.

부모님이 나를 이해할 수 있도록 도와주는 사람들

Things other People Can Do to Help Me

부모님도 이러한 어려움을 가진 아이들을 돕는 전문가 선생님이나 상담 선생님과 이야기를 나누어 볼 수 있어요. 이 전문가 선생님이나 상담 선생님은 여러분이 아침에 학교 갈 때 준비를 도와주는 좋은 방법, 숙제를 끝마치는 것을 도와주는 보다 쉬운 방법, 화나고 실망스러운 기분이 들 때 도와주는 좋은 방법들을 여러분 부모님께 가르쳐 줄 수가 있지요.

또한 부모님은 여러분이 그저 게으르고 나쁜 아이가 아니었다는 것을 알게 될 거예요. 부모님은 여러분이 실제로 잘 해보려 했었지만 그렇게 하는 것이 쉽지 않았던 것도 알게 되겠지요.

약으로 도와주는 의사 선생님들

Things other People Can Do to Help Me

어떤 아이들은 의사 선생님을 찾아가는데, 의사 선생님은 마음을 가라앉히고, 주의를 더 잘 기울이고, 학교과제를 잘할 수 있도록 도와주는 특별한 약을 주시기도 해요. 약을 먹는다는 것이 병에 걸렸다는 것을 말하는 것은 아니에요. 이 약은 몸이 필요로 하는 것을 넣어 줘서 주의를 잘 기울이고 깨어 있도록 해 주는 거지요. 앞에서 ADHD 아이들의 '졸린 머리'에 대해 이야기했던 것을 기억하나요? 의사 선생님이 흔히 주는 약이 바로 '자극을 주는 약'인데 이 자극제는 ADHD를 가진 어린이들에게 도움이 된답니다. 왜냐하면 이 약이 졸음이 오는 듯한 머리의 한 부분을 깨워 주기 때문이지요. 약을 먹으면 더 잘 들을 수 있고, 기억을 더 잘 해낼 수 있고, 학교과제를 더 빠르게 끝낼 수도 있어요. 이러한 약은 운동할 때 공을 잘 보게 해준다든지 친구들의 이야기를 중간에 끊지 않고 잘 들을 수 있게 해 주는 등 모든 것에 주의를 더 잘 기울이도록 도와주지요.

어떤 약은 하루 종일 효과가 있어서 아침에 집에서 한 번만 먹으면 되요. 또 어떤 약은 몇 시간 동안만 효과가 있기 때문에 학교에 있는 동안 학교 보건 선생님께 들러서 한 번 더 먹어야 할 거예요.

점들을 연결해 보면
왜 이 강아지 기분이 최고인지 알 수 있을 거예요!

    이렇게 살펴본 바와 같이 다른 사람들이 여러분을 도울 수 있는 방법들이 여러 가지로 많이 있어요. 또한 자기 스스로도 자신을 여러 가지로 도울 수 있답니다. 이제 다음에 나오는 것들은 집에서나 학교에서 여러분이 직접 해 볼 수 있는 방법들이에요. 부모님과 선생님이 도울 수 있도록 이러한 방법에 대하여 함께 이야기를 나누는 것이 좋을 거예요.

또 한번 쉬는 시간! 준비됐나요?

제3부

Things
I Can Do to
Help Myself

나를 돕기 위하여
내가 할 수 있는 것들

도움을 구할 수 있는 방법이 여러 가지가 있지요? 부모님과 선생님이 도울 수 있고 약도 도움이 되지요. 그렇지만 가장 중요한 방법은 자신이 자기 스스로를 돕는 방법이에요. 스스로 돕는 새로운 습관을 익히기 위해서는 다른 사람들의 도움을 얻는 것이 중요해요. 이러한 습관들을 익히는 데는 시간이 걸리고 자동적으로 할 수 있기까지는 많은 연습이 필요하거든요. 먼저 어느 것을 연습해야 할지 정하고 계속 연습하는 것을 잊어버리지 않도록 엄마나 아빠, 혹은 상담 선생님께 도움을 청할 수 있답니다.

잊지 않고 기억하는 방법

주의집중하기가 어려운 많은 아이들은 뭔가를 기억하는 것에도 어려움을 겪지요. 만약 여러분이 그렇다면 여기 몇 가지 해결방법이 있어요.

- 자기에게 메모를 쓴다. (여러분이 꼭 볼 수 있는 곳에 붙일 수 있는 색깔 메모지를 사용하면 아주 좋겠네요.)

- 엄마나 아빠에게 해야 할 일을 메모로 써 달라고 청해서 잘 볼 수 있는 곳에 붙인다. (뭔가 하라는 지시를 기억하는 것은 쉽지 않기 때문이죠.)

- 항상 물건들을 제자리에 놓는다. 자켓을 걸어 놓는 옷걸이, 책과 배낭을 놓는 선반, 신발과 축구공을 넣는 상자, 이런 것들이 편리한 곳에 다 같이 있다면 학교에서 돌아왔을 때 쉽게 물건들을 정리할 수 있다. 그렇게 하면 필요할 때 그것들이 어디에 있는지 바로 알 수 있을 것이다.

- 생각이 나도록 하기 위해 타이머를 맞춰 둔다. (예를 들면, 만약 20분 안에 수영하러 나가야 한다면 나가야 할 시간에 타이머를 맞춰서 언제 가야 할지 생각나게 하는 거지요.)

- '지금 바로 하기!' 를 배운다. 뭔가 할 일이 생각나면, 그것을 바로 한다. (그렇게 하면 잊어버릴 게 없겠죠?)

- 학교에 무언가 가지고 가야 한다면, 그것을 문 옆의 특정한 곳에 둔다.

- 문으로 서둘러 나가기 전, 잠깐 쉬고 '1분 동안 생각하기' 를 배운다. "어디 보자. 내가 필요한 것들을 다 챙겼나?"

● 그날의 활동과 해야 할 일을 게시판의 달력과 그 옆의 '해야 할 일들' 목록에 적어서 볼 수 있도록 해 놓는다.

● 위의 게시판을 자주 보게 되는 곳에 붙인다. 대부분 가정의 경우, 달력과 '해야 할 일들' 목록을 붙이기 좋은 장소는 부엌이다.

● 달력과 기억해야 할 것들 목록을 매일 체크한다. (잠깐! 이때 엄마나 아빠가 도와줄 수 있어요.)

● 아침에 일어났을 때 그날 하루에 대하여 생각해 본다. "어디 보자. 오늘이 화요일이네. 학교 끝나고 축구연습이 있는 날이니까 ······ 음, 축구화를 가져가야 하는구나."

아침에 학교 갈 준비하기

아침에 등교 준비하는 가장 좋은 방법은 그 전날 밤에 할 수 있는 만큼 많은 준비를 하는 거예요. 그렇게 하면 만약 어떤 것을 빠뜨린 경우에라도 다시 찾아볼 시간을 가질 수가 있지요.

- 전날 밤에 다음날 입을 옷을 꺼내어 놓는다.

- 전날 밤에 도시락 준비를 해 놓는다. (필요한 경우)

- 점심 값, 숙제, 견학 허가서 등 다음날에 학교에 가지고 갈 것들을 모두 모아 놓는다.

- 아침에는 규칙적인 일과를 늘 하던 대로 한다. (매일 아침 같은 순서로 하는 것이 일을 보다 쉽게 하는 방법이거든요.)

- 매일 아침 일과표(체크리스트)를 만든 다음, 잘 볼 수 있는 벽에 붙인다. 준비하면서 여러 차례 체크(√ 표시)한다.

- 완전히 다 준비될 때까지, TV를 보거나 놀이를 하지 않는다.

- 엄마나 아빠에게 '발사대'를 마련해 주도록 부탁 드린다. 발사대란 다음날 학교에 가지고 갈 모든 것을 두는 곳이다. 필요한 것의 목록을 발사대 옆에 둔다.

방을 정리하는 쉬운 방법

Things I Can Do to Help Myself

　　만약 여러분이 많은 다른 아이들과 비슷하다면 엄마나 아빠가 항상 "방 좀 치우라니까!"라고 귀찮게 말씀하실 거예요. 방을 깨끗이 하는 것은 결코 재미있는 일은 아니지요. 모르긴 해도 부모님이 꼭 하라고 시킬 때만 치우겠지요? 그런데 깨끗이 정리된 방은 기분을 좋아지게 하고 학교생활도 잘할 수 있게 도와줄 수 있어요. 여러분은 이 사실에 대해서는 아마 몰랐을 거예요.

　　방이 깨끗이 정리되어 있으면 필요한 것을 잘 찾을 수가 있답니다. 그래서 학교에 제시간에 갈 수가 있고 학교에 내야 할 숙제까지도 잊지 않고 챙겨 가게 되지요. 방이 정리되어 있을 때 책 읽기나 숙제하는 데 정신을 모으기 쉽고, 더 빨리 끝낼 수 있게 되는 것이지요.

방 정리 8단계!

먼저 필요한 것은:

쓰레기 통

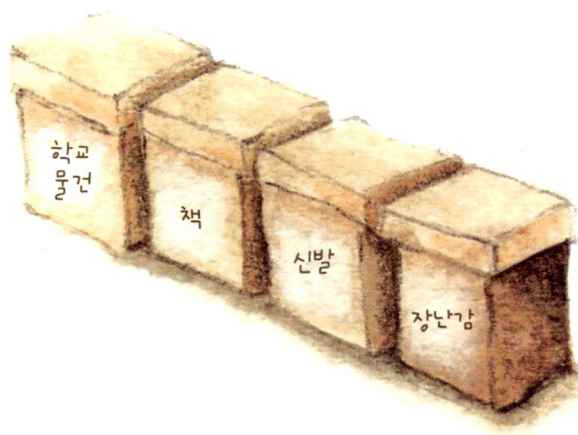

상자 4개
(각 상자마다 '학교물건', '책',
'신발', '장난감' 표시 붙이기)

빨래 바구니

벽장에 고리 2개

수납장

책상

이제 여러분이 할 일은:

1단계 더러워진 옷은 모두 빨래 바구니에 담고 깨끗한 옷은 모두 옷장에 넣는다.

2단계 장난감은 모두 선반 위와 '장난감 상자'로 치운다.

3단계 모든 책은 선반 위나 '책 상자'에 담는다.

4단계 모든 학교물건과 배낭은 책상 위나 '학교물건 상자'에 둔다.

5단계 신발은 모두 현관 신발장이나 '신발 상자'에 넣는다.

6단계 모든 쓰레기와 버릴 것들은 쓰레기통이나 쓰레기봉투에 담는다.

7단계 침대를 정리한다.

8단계 파자마와 코트를 벽장 안 고리에 건다.

만약 이것들을 한 번에 한 단계씩 한다면 얼마 안 있어 여러분은 자기 방을 정리하는 데 전문가(최고)가 될 거예요! 이 8단계 체크표를 만들어 복사하여 엄마나 아빠까지도 여러 장 가지고 있으면, 매주 한 장씩 사용하기가 쉽겠지요.

학교에서 주의집중을 더 잘하는 방법

학교에서 뭔가를 배우고 또 잘하기를 원할 때, 중요한 것은 주의집 중하기예요. 학교에서 더 잘할수록, 자기에 대하여 더 좋게 느껴진답니다. 여기 학교에서 주의를 더 잘 기울일 수 있도록 돕는 몇 가지 방법들이 있어요.

- 교실 앞쪽에 앉는다. 그리고 선생님이 입을 열어 말씀하실 때마다 선생님을 쳐다본다.

- 참여한다! 그냥 앉아만 있으면 안 된다. 질문도 하고 의견을 말한다. (물론 손을 들고)

- 한 번에 한 가지씩 할 수 있도록 책상을 정돈해 놓는다.

◉ 잘 들어야 할 때 말을 걸거나 방해하는 아이로부터 떨어져
앉을 수 있도록 선생님께 청한다.

◉ 주의집중하도록 자신을 일깨우기 위해, 팔목에 고무밴드를
끼우고 딴 생각이 들기 시작할 때 살짝 잡아당긴다.
쏘지는 말고!

◉ 열심히 공부하는 동안 교실이 너무 시끄럽거나 산만하면
책상을 옮기거나 조용한 곳에 앉을 수 있는지 선생님께
여쭤 본다.

◉ 주의를 흐트러뜨리는 장난감이나 게임을 학교에 가져가지
않는다.

◉ 뭔가를 잘 모를 때는 바로 도움을 청한다.

안절부절 어쩔 줄 모를 때

Things I Can Do to Help Myself

안절부절못하겠는데 정신을 집중해서 학교공부를 하는 것은 어렵지요. 여러분이 이렇게 애가 타고 안절부절 어쩔 줄 모를 때 기분이 좀 더 나아지게 하는 방법이 여기 있어요.

- 선생님께 잠깐 동안 시키실 일이나 심부름은 없는지 여쭤 본다. 그 일을 마치고 자기 자리로 돌아가 공부한다.

- 교실에서 해야 할 공부가 주어지지 않았을 때는 책상 밑에서 말랑말랑한 고무공을 한 번씩 눌러 보아도 되는지 선생님께 여쭤 본다. (하지만 그 공을 공중으로 던지면 안돼요!)

- 식사를 마치면 곧바로 식탁을 떠나도 되는지 식사시간 전에 미리 부모님께 여쭤 본다.

● 놀이터에서 놀거나, 부모님과 산책을 하거나, 태권도를 배우거나, 그 외에 다른 종류의 운동을 매일 하도록 한다.

● 일어서서 두 팔을 위로 하고 기지개 키듯이 몸을 쭉 뻗었다가 몸을 구부려서 손이 발가락에 닿게 해본다. 그리고 자기 책상으로 돌아온다. (이것을 할 때는 조용히 해야겠죠?)

● 숙제를 할 때는 5분 정도 쉬는 시간을 갖는다. 아니면 잠깐 동안 식탁 주위를 돌면서 외우기를 해본다.

● 주어진 공부를 마쳤으면 책상에서 그림 그리기를 한다.

학교 숙제하기

숙제를 마치는 데 시간이 오래 걸리는 아이들이 있지요. 여기에 숙제를 바르게 빨리 마칠 수 있는 방법을 소개할게요.

숙제하는 습관 들이기

하루 중 여러분이 숙제할 수 있는 가장 좋은 때가 언제인지 생각해 보세요. 대개는 여러분이 피곤하지 않을 때지요. 여러분이 집에서 숙제하기 가장 좋은 장소를 생각해 보세요. 어쩌면 그 자리가 부엌 가까이 있는 식탁일 수도 있어요. 부모님이 부엌에서 일하시는 동안 모르는 것을 물어볼 수도 있으니까요. 아니면 TV소리가 들리지 않는 여러분 방의 책상일 수도 있어요. 부모님은 어디가 좋다고 생각하시는지 여쭤 볼 수도 있지요. 그래도 잘 모르겠으면 다른 시간대(방과 후 곧바로, 저녁식사 후)에 다른 장소(내 방, 부엌 식탁, 거실)에서 숙제를 해보고 가장 좋은 곳을 선택하세요.

여러분은 숙제할 때 혼자 하는 게 좋은지, 도와줄 수 있는 부모님이 가까이 계시는 것이 좋은지 생각해 보세요. 다른 형제자매들도 숙제를 하도록 정해져 있는 '숙제하는 시간'에 숙제하는 것이 가장 좋다고 생각할 수도 있어요. 오후에 두 번째 약을 먹고 나서 숙제를 할 때 더 잘 되는지도 한번 생각해 보세요.

숙제하기 가장 좋은 시간과 장소를 결정했으면, 이제는 숙제하는 습관을 만들어야 해요. 습관이란 무언가를 매번 같은 방법으로 하는 것을 뜻해요. 일주일이나 이주일 동안 같은 시간에 같은 장소에 앉아 숙제를 하면, 숙제하기가 더 쉬워지는 것을 알게 될 거예요. 왜냐하면 여러분이 그동안 앉아서 집중하여 숙제를 하도록 여러분의 뇌를 훈련시켰기 때문이에요.

숙제하기를 돕는 다른 방법들

다음은 여러분이 숙제를 다 해서 선생님께 제출하도록 도와주는 방법들이에요.

- 선생님께서 숙제를 내주실 때 적을 수 있는 수첩을 준비해서 가지고 다닌다.

- 선생님께서 내주신 숙제를 맞게 적었는지 잘 모르겠으면, 집에 오기 전에 선생님께 수첩을 보여 드리고 확인을 받는다.

● 숙제할 때 TV 같은 유혹거리가 없는 조용한 장소를 찾는다.

● 피곤하지 않을 때 숙제한다. 방과 후에는 놀고 저녁 식사 뒤에 숙제할 때 숙제가 더 잘되는 아이들도 있다. 그런가 하면 저녁 식사 뒤에는 너무 피곤해서 숙제하기가 힘든 아이들도 있다. 자기를 위한 가장 좋은 시간을 찾는다.

● 앉아 있기가 피곤해지면, 잠시 서서 책을 읽어 본다.

● 수학 공식 같이 외워야 할 것이 있을 때, 소리 내어 외우거나 방 안을 돌아다니면서 외울 수 있다. 그렇게 할 때 더 잘되는 아이 들도 있다.

● 숙제를 다 마쳤을 때는 자기 스스로에게 상을 준다. (간식거리나 재미있는 놀이 같은 상이 있다면 기다려지겠지요?)

● 한 번에 너무 많이 하려고 하지 않는다. 15분간 숙제하고, 잠깐 쉬었다가 다시 시작한다.

● 가방 속에 눈에 띄게 밝은 색상의 폴더를 준비해서 숙제를 넣어 가 지고 다닌다. 숙제를 마치면 숙제를 바로 폴더 속에 집어넣는다. 이렇게 하면 다음 날 학교에 가서 숙제를 찾아 제출하기가 쉽다.

화를 조절하는 법 배우기

Things I Can Do to Help Myself

짜증내고 화내는 것은 대부분의 아이들이 가지고 있는 문제 중의 하나지요. 누구나 때로는 화가 나요. 그건 자연스러운 거예요. 그런데 화를 너무 자주 내거나 화를 어떻게 조절해야 할지 모른다면 많은 문제가 생길 수 있어요. 그것 때문에 친구를 잃어버릴 수도 있고, 학교에서 어려운 일을 당할 수도 있고, 가족들과 잘 지내지 못할 수도 있어요. 여러분은 다른 대부분의 아이들보다 더 자주 화를 내나요?

너무 많이 화내지 않도록 도와주는 방법이 여기 있어요.

- 화나게 하는 사람과 좀 떨어져 생각하는 시간을 갖는다. (그렇게 하면, 자기가 어떤 말이나 행동을 해서 다른 사람에게 상처 주지 않을 수 있고, 자기에게 어려운 일이 생기기 전에 먼저 생각할 수 있게 되거든요.)

- 누군가가 나를 화나게 만들려고 할 때는 지혜롭게 행동해야 한다. 그 아이들이 나를 곤경에 빠뜨려 화나게 하지 못하도록 해야 한다. 그리고 그 일에 대해 부모님이나 선생님께 말씀드린다.

○ 나를 괴롭히거나 화나게 하는 사람을 피한다.

○ 숙제 같은 것을 하는 것이 자기를 짜증나게 하면, 정말로 짜증이 심해지기 전에 즉시 도움을 청한다.

○ 하고 싶은 것을 허락받지 못해서 화가 날 때는 뭔가 다른 일을 해서 하고 싶은 것을 상으로 받을 수 있는지 물어본다.

○ 소리를 지르지 않고는 말할 수 없을 정도로 화가 날 때는 나를 화나게 하는 사람이 아닌 다른 사람에게 그 문제에 대해 말한다. 문제에 대해 차분하게 말하는 것은 그 문제를 생각해 볼 수 있게 해 주고, 어쩌면 해결방법을 찾을 수 있도록 도와주기도 한다.

○ 화나는 감정을 밖으로 내보내기 위해서 놀이터에서 공차기를 하거나 집 밖을 뛰어 본다.

○ 다음 페이지에 적어 놓은 '마음 가라앉히기 운동'을 할 수 있는 조용한 장소를 찾는다.

마음 가라앉히기 운동

여러분이 정말로 화가 날 것 같으면 '마음 가라앉히기 운동'을 하세요. 이 운동은 3단계로 되어 있어요.

- 음악을 듣는 것, 해변에 가는 것, 자전거를 타는 것과 같이 자기가 좋아하는 것을 생각한다. 마음속으로 좋아하는 것을 하고 있는 자기 모습을 상상한다.
- 숨을 깊게 들이마시고 천천히 내쉰다.
- '마음 가라앉히기'라는 단어를 생각한다.

좋아요. 이제 한 번 해봅시다. 먼저 뭔가 좋은 것을 생각하세요. 이제 숨을 깊이 들이마시고, 아주 천천히 내쉬면서 '마음 가라앉히기'라는 단어를 생각하세요. 두세 번 더 해보세요. *해냈군요! 정말 잘 했어요.*

여러분이 정말로 화가 났을 때는 이 운동을 최소한 세 번은 해야 한다는 것을 기억하세요. 그렇게 해도 여전히 화가 나거나 짜증이 날 때는 여러분의 문제를 도와줄 수 있는 부모님이나 선생님을 찾아가세요.

처음엔 여러분이 화나지 않았을 때 '마음 가라앉히기 운동'을 연습하는 것이 도움이 될 거예요. 여러분의 부모님과 함께 연습할 수도 있어요. 이 운동은 부모님께도 도움이 될 거예요!

도움을 청하는 법 배우기

여러분은 혼란스럽거나 뭔가가 어려울 때 어떻게 하나요? 자기가 무엇을 해야 할지 모를 때 창피하게 느끼는 아이들도 있어요. 그런 아이들은 도움을 청하는 대신 아무도 그 사실을 모르게 가만히 앉아 있지요. 그렇게 하는 것은 문제를 더 어렵게 하는 거예요. 여러분이 뭔가를 잊어버렸거나 이해하지 못했다는 것은 부끄러운 것이 아니에요. 부모님이나 선생님께 가서 그냥 다음과 같이 말하면 되요.

"저에게 하라고 하신 일을 잊어버렸어요."

또는

"이것 좀 도와주실래요?"

또는

"다시 한 번 설명해 주세요."

또는

"무슨 뜻인지 알려 주시겠어요?"

여러분이 애쓰고 있다는 사실을 알려 드리세요. 해야 할 것이 무엇인지 분명히 이해하는 것이 필요하다고 선생님께 말씀드리세요.

집에서 문제에 대해 말하기

Things I Can Do to Help Myself

여러분의 부모님이 언제나 꼬치꼬치 묻고 까다롭게 하신다고 느끼고 있나요? 집에서는 여러분이 가지는 문제가 언제나 말다툼이 되나요? 여러분의 문제에 대해서 정기적으로 부모님과 얘기하는 시간을 만드는 것은 도움이 된답니다. 여러분이 형제나 자매와 말다툼을 자주 한다면 그런 문제에 대해서도 말할 수 있는 좋은 시간이 될 수 있어요.

여러분이 진짜 화나 있을 때는 문제에 대해 이야기하려고 하지 마세요. 여러분이 차분해질 때까지 기다리세요. 가족끼리 문제나 반대 의견에 대해 얘기할 수 있는 정기적인 시간을 갖는 것이 좋아요. 가족 모두가 집에 있고 앉아서 서로 잘 들을 수 있는 시간을 선택하세요. 일주일에 한 번 정도로 해보세요. 말다툼이 너무 심해서 가족이 주마다 모이는 시간까지 기다릴 수 없을 때는 문제가 있는 그날 앉아서 바로 얘기해 보세요. 그날 얘기하더라도 여러분 기분이 좀 가라앉을 때까지는 기다려야 해요.

문제에 대해 얘기한다는 것은 여러분이 어떻게 느끼는지를 설명하고, 다른 사람들의 말을 들어주고, 그들이 어떻게 느끼는지를 이해하려고 애쓰고, 그렇게 한 후에 해결책을 찾는 것을 의미해요.

다음은 가족끼리 정기적으로 대화하는 시간에 지켜야 할 규칙이에요.

⚫ 모두가 그 문제에 대해 어떻게 느끼는지 말할 기회를 주어야 한다.

⚫ 다른 사람이 말할 때 방해하지 않는다.

⚫ 너무 길게 이야기하지 않는다. 생각한 것을 간단하게 몇 문장으로 말하고 다른 사람에게 말할 기회를 넘겨준다.

⚫ 비난하거나 욕하지 않는다. (이 시간은 문제를 해결하려는 것이지 새로운 문제를 만들려는 것이 아니거든요!)

⚫ 새로운 아이디어를 내놓으려고 노력한다.

⚫ 부모님의 의견을 귀담아 듣는다.

⚫ 새 아이디어대로 며칠간 진행해 보고 어떤지 다시 이야기한다. 그 방법이 문제를 해결하지 못하면 좀 고치거나 완전히 다른 새로운 아이디어를 내놓는다.

여러분과 여러분 가족이 정기적으로 문제를 해결하는 시간을 가진다면, 여러분 집에서는 그 문제에 대해 굉장히 차분하고 좋은 방법으로 다룰 수 있을 거예요.

문제 해결하기

여러분은 문제가 있을 때 어떻게 하나요? 정말로 큰 문제라면 부모님이나 선생님의 도움이 필요할 거예요. 하지만 여기 소개하는 방법에 따라 여러분 스스로 무엇을 해야 할지 찾아 볼 수 있어요.

1단계 문제가 무엇이지? (예를 들어, 숙제를 제출하는 것을 자주 잊어버린다.)

2단계 문제에 대해 내가 할 수 있는 것이 무엇이지? (내 친구에게 기억나게 해달라고 부탁한다. 숙제를 넣을 눈에 띄는 야광 폴더를 구입한다. 책상 앞에 메모를 붙여 놓는다.)

3단계 어떤 방법이 제일 좋을까? (책상 앞에 메모를 붙여 놓는다.)

4단계 선택한 방법을 시도해 보고 잘 되는지 본다. (야호! 내가 메모를 보고 숙제를 제출했다!)

5단계 잘 되지 않으면, 여러 아이디어 중에 다른 것을 택해서 해본다. (아이구! 메모 쓰는 것을 잊어버렸네. 아빠께 숙제를 넣을 형광 폴더를 사달라고 해야겠어. 그렇게 하면 눈에 띄는 폴더를 보고 숙제를 제출할 수 있을 거야.)

여러분이 지금 가지고 있는 문제나 지난 며칠 동안 가졌던 문제에 대해 생각해 보세요. 문제 해결하기의 다섯 단계를 다 해보고, 전에 찾지 못했던 해결책을 생각해 낼 수 있는지 보세요. 부모님께서 여러분이 문제 해결하기를 연습하도록 도와주실 수 있어요.

문제점과 그 해결책을 적을 가족일지를 만들어 써 보세요. 부모님께서 가족일지에 기록하는 것을 도와주실 수 있어요. 기록한 공책을 다음 가족 대화모임에 가져가세요. 그렇게 하면 어떤 해결책은 도움이 되고 어떤 해결책은 도움이 되지 않는지 알 수 있고, 지금 하려고 애쓰는 새 계획을 모두가 기억할 수 있어요.

방해하지 않는 법 배우기

다른 사람을 방해하는 문제를 가진 아이들이 있지요. 모든 사람이 조금씩은 방해를 하곤 하지만, 어떤 아이는 거의 끊임없이 방해해요. 여러분이 이런 경우라면, 여러분하고 얘기하는 사람은 아주 짜증이 나게 되지요. 결국 더 이상 여러분하고 친구하고 싶지 않을지도 몰라요. 여기에 여러분이 할 수 있는 몇 가지 방법이 있어요.

● 할 얘기가 있으면 먼저 허락을 구한다. "제가 잠깐 얘기해도 될까요?" 또는 "실례합니다. 질문이 있는데요."라고 말할 수 있다.

● 다른 사람이 말하는 것에 대하여 진지하게 잘 들어 본다. 5분 뒤에 그 사람이 말한 것을 그대로 따라 말해야 하는 퀴즈가 있다고 가정하고 듣는다.

● 끼어들어 방해를 했다면 사과한다.

● 다른 사람의 말이 끝날 때까지 기다린 다음 말을 시작한다.

방해하지 않기를 집에서 연습할 수 있어요. 게임하듯이 해보세요. 저녁식사 시간에 얼마나 오랫동안 다른 사람의 얘기를 방해하지 않을 수 있는지 한번 해보는 거죠.

친구를 만들고 사귀는 방법

Things I Can Do to Help Myself

누구나 친구를 원하지만, 특히 친구를 잘 만들고 사귀는 아이들이 있어요. 여러분이 친구들하고 다툼이 많다거나, 지금보다 친구가 더 많기를 바란다면, 다음과 같은 방법을 써 보세요.

- 친절하게 웃으면서 "안녕?" 하고 인사한다.

- 친구들하고 놀 때 자기 것을 친구들하고 나누어 가지고 논다.

- 차례를 지킨다. 모두에게 장난감을 가지고 놀 수 있는 기회를 주거나 모두가 돌아가면서 리더가 되어 본다.

- 혼자만 대장처럼 굴지 않는다. 다른 아이들도 함께 결정할 수 있게 한다.

- 마음을 편하게 갖는다. 너무 바보처럼 굴거나 시끄럽게 떠들지 않는다.

- "그거 정말 좋았어!" "멋진 슛이었어." "잘 잡았다." 등과 같이 친구를 칭찬하는 말을 한다.

● 친구를 찌르거나 붙잡거나 친구에게 부딪히지 않도록 주의한다.

● 어느 누구도 놀리지 않도록 한다. (누구나 놀림받을 때는 지독하게 싫은 법이죠.)

● 화났을 때 때리거나 소리 지르거나 욕하지 않도록 한다.
그 자리를 떠나서 차분해지려고 노력하면 나중에 후회할 말이나 행동을 하지 않게 된다.

● 친구와 큰 문제가 생기면 도와줄 수 있는 어른을 부른다.
작은 문제라면 친구와 함께 해결해 보도록 한다.

● 누군가의 기분을 상하게 하는 말이나 행동을 했다면 미안하다고 말한다.

누군가 내 기분을 상하게 했을 때

Things I Can Do to Help Myself

조그만 일에도 기분이 쉽게 상한다면 큰 어려움이 될 수가 있어요. 왜냐하면 많은 아이들이 자기가 여러분을 화나게 할 수 있다는 것을 알게 되면 여러분을 더 심하게 놀리려고 할 테니까요. 놀림을 당하는 것은 결코 재미있는 일이 아니에요. 여기에 도움이 될 수 있는 방법이 있어요.

- 그 아이들을 무시한다. (반응이 없는 아이를 계속 놀리는 것은 누구에게나 재미가 없거든요!)

- 스스로 용기를 내어 맞선다. 성질부리지 않고 확실한 목소리로 "그 - 만 - 둬!"라고 한다.

- 자주 놀리는 아이들이 있으면 그 아이들 근처에 가지 않는다. 그래도 그 아이들이 따라붙으면, 문제가 커지기 전에 어른에게 말한다. 어른들은 여러분이 그 문제를 풀 수 있도록 도와줄 것이다.

- 친구나 상담 선생님께 말한다. 기분이 상했을 때 누군가에게 털어놓고 말을 하는 것은 도움이 된다.

- 친절하고 긍정적인 아이들을 찾아본다. (자주 비난하거나 얄밉게 구는 아이들과는 친구하지 않으면 되요.)

긴장 푸는 방법 배우기

    아이들은 피곤하거나 배가 고프거나 학교에서 어려운 일이 있었던 경우에는 스트레스가 생길 수 있어요. 이런 때 싸움이나 다툼이 잘 일어나지요. 여러분이 스트레스를 느낄 때는 다음과 같이 긴장 푸는 방법을 사용해 보세요. 이 방법은 어른들에게도 좋아요!

- 🟠 방에 가서 누워 있거나 조용하게 할 수 있는 일을 한다.

- 🟠 배가 고프다면 간단한 간식을 먹는다.

- 🟠 형제나 자매하고 다투었다면 그들과 좀 떨어져 있어 본다.

- 🟠 따뜻한 물로 목욕한다.

- 🟠 조용하고 차분한 음악을 듣는다.

● 부모님과 산책을 한다.

● 강아지나 고양이를 안고 편안히 앉아 본다.

● 어떤 일 때문에 스트레스가 심하다면 부모님께 등을 좀
  쓰다듬어 달라고 한다.

● 좋아하는 취미활동을 한다.

● 걱정을 떨칠 수 있도록 창의적 생각이 필요한 활동(예: 그림그리기,
  색칠하기, 만들기)을 한다.

● 몸을 움직이는 활동(예: 자전거 타기, 밖에 나가 농구공 가지고 놀
  기)을 한다.

잠드는 것이 힘들 때

Things I Can Do to Help Myself

밤에 긴장을 잘 풀지 못해서 잠드는 것이 어려운 아이들이 있어요. 이것이 문제가 되는 이유는 밤에 잠을 못자면 다음 날 무척 피곤해지기 때문이에요. 여러분이 피곤해지면 정신을 집중하고, 기억하고, 학교공부하는 것이 더 어려워지거든요. 충분한 잠을 자지 못했을 때 친구나 가족과 어울리기 어려운 이유는 여러분이 피곤하면 기분이 나빠지고 더 쉽게 짜증나거나 화가 나기 때문이에요.

여기에 여러분이 쉽게 잠들 수 있는 방법이 있어요.

● 규칙적인 저녁 스케줄을 만들어서 똑같은 순서대로 한다.
예를 들어, 다음에 있는 것과 같이 해볼 수 있다.

6:30 p.m.   텔레비전이 없는 방에서 숙제하기

7:30 p.m.   간식을 먹고 30분간 텔레비전 보기

8:00 p.m.   내일 필요한 것들 준비하기
             (예: 도시락 준비, 입을 옷 고르기)

8:15 p.m.   샤워하고 이 닦고 잠옷 입기

8:30 p.m.   침대에 들어가 책을 읽거나
             부모님이 들려주시는 이야기 듣기

9:00 p.m.   안녕히 주무시라는 인사하고
             전등 끄기

- 학교를 다니는 주중의 저녁에는 너무 활동적이거나 흥분되는 일을 하지 않도록 한다.

- 방의 불을 끈 다음에는 조용한 음악을 틀어 본다.

- 텔레비전을 보거나 소리가 크고 강한 음악방송을 듣지 않는다. 그런 것들은 더 오래 깨어 있게 하기 마련이다.

- 학교숙제를 다시 읽어 본다. 그렇게 하면 아마 5분 내에 잠들 것이다!

- 낮잠을 자거나 아침에 늦게까지 자지 않는다. 그렇게 하면 밤에 제시간에 자기가 힘들어진다.

- 집중을 더 잘하기 위해 약을 복용하고 있다면, 너무 늦은 시간에 약을 먹지 않도록 한다.

◉ 오후나 저녁 시간에 카페인이 들어 있는 음료수를 마시지 않
는다. 카페인이 들어 있는 음료수가 어떤 것인지 모르겠으면
부모님께 여쭤 본다.

◉ 즉시 잠이 오지 않으면, 그냥 편안한 자세로 누워서 눈을 감고,
'깨어서 꿈꾸기'를 해본다. '깨어서 꿈꾸기'는 머릿속에서 영화
를 보는 것처럼 하는 것이다. 자기가 좋아하는 장소(예: 바닷가)에
서 무엇(예: 모래성을 쌓거나 바닷가를 거니는 것)을 하고 있을지
상상해 본다.

내가 바꾸고 싶은 것들

Things I Can Do to Help Myself

무엇을 어떻게 하는지 배우는 것은 아주 큰 일이에요. 지금까지 여러분이 더 행복해지고 하루하루를 순조롭게 하기 위해 스스로 할 수 있는 여러 가지 다른 방법에 대해 이야기했어요. 이 모든 것을 다하는 법을 한꺼번에 배우려고 하지 마세요. 여러분과 부모님은 바꾸고 싶은 한 가지를 정해야 해요. 그리고 그것을 한동안 연습해야 하지요. 충분한 연습이 이루어지면 그때 새로운 것을 시작하는 거예요.

먼저 여러분이 바꾸고 싶은 것들을 표로 만들어 보기로 해요.

내가 바꾸고 싶은 것들

　　이 책의 제4부에서는 위에 적은 대로 변화를 가져오게 하기 위하여 여러분과 부모님이 함께할 수 있는 여러 방법에 대해 이야기하려고 해요. 부모님과 함께하면 훨씬 재미있을 거예요. 성공했을 때는 여러분 스스로가 정말 자랑스러울 거예요.

자신에 대해 기분 좋게 느끼는 방법

Things I Can Do to Help Myself

선생님과 부모님이 야단을 치시거나 다른 아이들과 문제가 생기거나 하면 자신에 대해 나쁜 기분을 느끼게 되요. 그렇게 조금 지나면 여러분은 아주 실망을 하게 되어 자기에게는 좋은 점이 하나도 없다고 생각하게 될 거예요. 여기 여러분이 스스로를 좋아할 수 있도록 도와주는 방법들이 있어요.

- 자신의 좋은 점을 써 본다. 자기가 적어 놓은 것 외에 어떤 것들이 더 있는지 부모님께 여쭤 본다. 다음 페이지에 자신의 좋은 점을 쓸 수 있는 공간이 있다.

- 자기를 격려해 주는 친절한 사람을 찾는다.

- 자기가 잘할 수 있는 것을 찾아 한다.

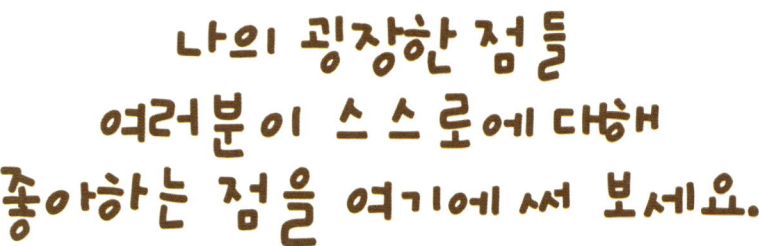

나의 굉장한 점들
여러분이 스스로에 대해
좋아하는 점을 여기에 써 보세요.

한 장 가지고
안 되겠는 걸!

● 부모님이 자주 야단치신다면, 그것에 대해서 가족문제해결 시간에 이야기를 나누는 것이 좋다.

● 매일매일 부모님과 같이 어울리거나 재미있는 것을 하는 '특별한 시간'을 만든다. 이때는 문제에 대해서는 이야기하지 않는다.

● 상담 선생님께 자기의 감정에 대해 이야기한다.

● 스스로에게 실망스럽게 느껴진다면 다음과 같이 스스로를 격려한다.

"모든 것을 잘하는 사람은 아무도 없다.
난 _____을 잘하는 것은 어렵지만, _____은 정말로 잘한다."

또는

"난 지금은 기분이 나빠!
하지만 내 기분을 좋아지게 할 수 있는 방법이 여러 가지가 있어.
나를 정말로 이해해 주고 좋아해 주는 누군가와 이야기를 나누는 것도 그중 하나야."

또는

"이건 분명히 문제야. 하지만 난 문제해결사거든!"

또는

"누구나 실수할 수 있어.
중요한 것은 실수에 대해서 어떻게 생각하고 행동하느냐 하는 것이지."

드디어 3부를 다했어요! 쉬는 시간이에요!

쉬지 않고 일만 하는 것은 좋지 않아요. 지금까지 여러분을 위해 할 수 있는 여러 가지에 대해 얘기했는데, 지금은 쉬는 시간이에요.

다음 그림에서 ×자를 모두 찾아보세요. 모든 ×자 바로 위에 있는 글자에 동그라미를 해봐요. 그런 다음 그 글자들을 모아 보면 비밀 메시지가 담긴 문장이 될 거예요.

ㄴ ㅇ   ㄴ   ㄷ
✕

ㅏ   ㅈ   ㅡ   ㄴ
✕   ✕   ✕

ㅜ   ㅅ   ㅛ   ㅡ

ㅌ   ㅡ   ㄱ   ㄴ   ㅊ
✕   ✕   ✕

ㄷ   ㅂ   ㅑ   ㄹ
      ✕   ✕   ✕

ㅎ   ㄷ   ㅏ   ㅋ
✕   ✕   ✕

ㅣ   ㅇ   ㅠ
✕

제4부

Special
Projects with
My Parents

부모님과 함께 하는
특별한 활동들

여러분의 습관이나 행동을 바꾸기 위해
부모님의 도움을 받는 것은 아주 중요해요. 행동을 바꾸는 것은 처음에는 정말
쉬운 일이 아니에요. 그래서 부모님이 함께해 주는 것이 도움이 되요. 부모님은
여러분을 격려해 주실 수 있고, 여러분이 익히려고 하는 새로운 습관을 기억
하게 도와주실 수도 있지요. 때로 그 새로운 습관이 내 것이 되게 하는 방법을
찾아내는 것까지도 도와주실 수 있어요.

변화를 위해 함께 일하기

Special Projects with My Parents

여러분이 '아침에 준비하기' 라는 새로운 습관을 들이려 한다고 해 봅시다. 부모님은 아침 스케줄을 짜는 것이나 대조표를 만드는 것을 도와 주실 수 있어요. 또한 매일매일 학교 가기 전날 밤에, 여러분에게 학교 에서 준 견학 동의서나 다른 안내문이 있는지 물어봐 달라고 부모님께 부탁할 수도 있어요.

고쳐야 할 습관 중에 어떤 것을 고르든지, 부모님은 여러분 스스로 그것을 기억나게 하는 방법을 생각해 내도록 도와주실 거예요. 이때 여러 분의 부모님도 새로운 습관을 들이기로 결심한다면 더 재미있을 거예요. 그렇다면 서로 생각나게 해 주고 격려해 줄 수 있잖아요!

여기 변화를 위해 함께 일할 수 있는 방법들이 있어요.

- 119쪽에 적어 놓은 '내가 바꾸고 싶은 것들'을 보고, 그중에 하나를 선택하거나 아니면 다른 것을 하기로 정한다.

- 한 가지를 선택한다. 여러 가지를 바꾸고 싶겠지만, 한 가지로 시작하는 것이 좋다. 다른 것들도 나중에 한 가지씩 할 수 있다. 그렇게 하는 것이 중요한 이유는 너무 많은 것을 한꺼번에 다 하려고 하다가 포기하면 안 되기 때문이다.

- 처음에 너무 어려운 것으로 시작하지 않는다. 좀 더 쉬운 것을 택해서 새로운 행동을 배우는 것을 연습한다.

- 성공할 때마다 스스로에게 상을 준다.

- 자기가 받을 상은 부모님과 함께 의논해서 결정한다. 자기가 매번 잘할 때마다 받을 수 있는 작은 상을 고른다. 한 주에 정해진 날만큼 잘 해냈다면 주말에 받을 수 있는 큰 상도 고른다.

● 완전할 것을 기대하지 않는다. 계속 더 나아지기 위해 애쓰는 것이 중요하다. 전진을 위한 일보 후퇴는 있을 수 있는 일이니까, 상을 못 받았을 때도 기죽지 않는다. 새로운 습관을 들이는 데는 시간이 필요한 것이다.

● 새로운 습관을 갖게 되면 얼마나 생활이 편해질지 자주 상상한다.

● 매일 "난 할 수 있다!"라고 외친다.

진보 도표

여러분이 한 가지 습관을 바꾸기로 정했으면 얼마나 잘하고 있는지를 나타내는 진보 도표를 만드세요. 그날 얼마나 잘했는지 평가해 보세요. 좀 더 나아졌나? 정말 잘했나? 정한 대로 못했나? 만약 정한 대로 지키지 못하고 있다면 도표에 그 문제해결을 위한 부분도 만들어 볼 수 있어요. 136쪽에 여러분이 사용할 수 있는 진보 도표가 있어요. 여러분 것을 스스로 만들어도 되요.

여러분이 얼마나 잘하고 있는지에 대해서 부모님과 매일 이야기하세요. 여러분이 해낸 것에 대해 이야기할 때는 기분이 정말 좋을 거예요. 또 부모님이 여러분을 자랑스러워 하실 때에도 기분이 좋을 거구요.

언제나 '최고로 잘하기'를 기대하지 마세요. 완전한 사람은 아무도 없고, 모든 것을 한 번에 바꿀 수 있는 사람도 없어요. 부모님은 여러분 이야기를 잘 들어주시고 격려해 주실 거예요. 부모님은 여러분이 문제를 해결할 수 있도록 도와주시고 애써서 배우고 있는 것들을 잘 연습하도록 도와주실 거예요.

내가 바꾸고 있는 습관 : _____

난 어떻게 하고 있나?

	지키지 못함	잘하고 있음	최고로 잘함
일요일	☐	☐	☐
월요일	☐	☐	☐
화요일	☐	☐	☐
수요일	☐	☐	☐
목요일	☐	☐	☐
금요일	☐	☐	☐
토요일	☐	☐	☐

문제해결하기

• 내가 _____를 하려고 할 때, 정한 대로 잘 되지 않는다.

• 무엇이 문제지? _____

• 문제를 해결하기 위해 내가 할 수 있는 게 무엇이지?

1. _____

2. _____

3. _____

어떤 습관이 잘 고쳐지지 않으면 부모님과 얘기해서 그 이유를 찾아 보세요. 어쩌면 처음에 너무 어려운 것을 바꾸기로 했는지도 몰라요. 아니면 그 연습을 하도록 생각나게 해 줄 더 나은 방법이 필요할 수도 있어요.

여러분의 습관을 바꾸는
'특별 프로젝트'에 행운을 빌어요!

여러분은 할 수 있어요!

여러분이 이 책을 끝냈어요!

우리는 여러 가지를 이야기했어요. 여러분이 이 책에서 많이 배우고, 또 배우면서 재미도 있었다면 좋겠어요.

다음에 있는 재미있는 문제는 여러분의 수고에 대한 작은 상이에요. 여러분이 잘한 일에 대해 상을 주는 것은 좋은 것이라는 것을 기억하세요.

다음 중에서
할아버지 넥타이에 있는
무늬와 똑같은 것은
어느 것일까요?

부모님을 위하여

주의력 결핍과잉행동장애(ADHD)가 있는 자녀에 대한 효과적인 행동지도방법을 많이 알면 알수록 이 책은 여러분과 여러분의 자녀를 위해 더 유용하게 사용될 것입니다. 여기에 여러분이 자녀에게 상 주는 방법, 자녀와 긍정적인 관계를 만드는 방법, 도움을 받을 수 있는 기관의 이름, 추천도서목록 등을 소개합니다.

자녀에게 상 주는 방법

습관을 바꾸기는 어렵습니다. 아이들도 어른처럼 동기부여를 위한 상(뇌물이 아님)이 필요합니다. 상이 비싸야 할 필요는 없습니다. 여러분이 자녀에게 주고 싶지 않은 것은 줄 필요도 없습니다. 여러분이나 자녀 모두에게 기분 좋은 것이면 됩니다. 흔히 아이들이 가장 좋아하는 최고의 상은 물건이기보다는 특별한 활동인 경우가 많습니다. 다른 부모님들이 사용했던 상의 목록을 소개합니다.

- 부모님과 함께 앉아서 게임하기(예: 장기, 바둑, 루미쿠브, 스크래블 등)
- 쿠키 만들기
- 방과 후에 친구 초대하기
- 주말에 같이 잘 친구 초대하기
- 아이가 좋아하는 식당에서 외식하기
- 피자 배달시켜서 먹기
- 부모님과 컴퓨터 게임하기
- 부모님과 20분간 공 가지고 놀기
- 하룻 저녁 집안일 면제받기
- 하루 정도 밤에 15분이나 30분 늦게 자도록 허락하기
- 간단한 과학실험 책을 사서 부모님과 함께할 실험 한 가지 고르기
- 비디오나 DVD 빌려서 팝콘 먹으면서 보기
- 부모님과 특별 간식 만들기
- 숙제 마치고 30분간 인터넷하기

- 아이가 원하는 작은 선물(예: 껌, 자판기 장난감, 수집용 카드)을 넣어 둔 '뽑기 봉지'에서 한 가지를 뽑아 갖게 하기
- 잠잘 때 등 쓰다듬어 주기
- 잘 시간에 책 한 권 더 읽어 주기

여러분과 여러분의 자녀가 한 가지 습관을 바꾸기로 했으면, 시작하기 전에 규칙을 정해야 하고 그 규칙은 빈틈없고 명확해야 합니다. 아이가 기대하는 것이 있는데 여러분이 다르게 받아들여 아이의 기대에 맞지 않을 때, 아이는 쉽게 실망합니다.

- 상을 받기 위한 조건은 구체적이어야 합니다. (예: 진보 도표에 √표 몇 개)
- 진보 도표에 √표를 받는 조건도 구체적이어야 합니다.
- 자녀가 확실하게 알 수 있도록 먼저 진보 도표에 규칙을 적어 놓습니다.
- 재미있게 하십시오. 실패보다는 나아진 점을 강조하십시오.

사랑과 격려를 충분히 주십시오. 그것을 자녀가 눈치 채지 못할지라도 다음과 같은 사랑과 격려 역시 큰 상이며 자아존중감을 키우는 것들입니다.

- 미소
- 안아 주기
- 등 토닥여 주기

- "좋은데!"
- "자알 했어!"
- "고맙다!"
- "좋은 시도였어!"
- "너 정말 멋있다!"

특별한 시간 활동

여러분과 여러분의 자녀가 함께 즐거운 시간을 갖는 것은 정말 중요합니다. 문제에 대해서만 이야기한다면 누구나 실망하게 됩니다. 매일 자녀와 즐길 수 있는 '특별한 시간'을 계획하십시오. 몇 분 안 되는 시간이라도 얼마든지 함께 즐길 수 있습니다.

여러분이 하고 싶은 것을 같이 결정하십시오. 자녀와 함께 게임을 하거나, 책을 읽거나, 산책을 하거나, 이야기 정도를 나누는 것도 괜찮습니다. 단, 그 시간은 여러분과 자녀 모두에게 재미있는 시간이어야 합니다. 습관을 바꾸거나 새로운 행동을 배우는 것이 아니라 긴장을 풀 수 있는 시간이어야 합니다. '특별한 시간'을 얻거나 잃을 수 있는 것을 상으로 사용하진 마십시오. 여러분의 자녀가 문제행동이 있어서 자주 꾸중을 듣거나 벌을 받는다면, 더욱더 함께 있는 특별한 시간을 통해 긍정적인 관계를 만들어야 합니다.

여러분의 자녀를 위한 지원자료 찾기

ADHD가 있는 아동에게는 여러 종류의 전문가가 도움이 될 수 있습니다. 여러분의 자녀가 최선을 다하는 데 필요한 전문적인 지식과 기술을 제공할 수 있는 사람으로는 특별히 훈련된 가정교사, 상담가, 치료사, ADHD 코치, 학식 있는 소아과 의사, 소아 정신과 의사 등이 있습니다. 작은 지방에 사는 가족들은 대도시 지역에 사는 사람들보다 선택권이 적을 수밖에 없습니다. 그러나 ADHD 아동을 돕는 것에 대한 인식과 전문적 훈련이 꾸준히 증가하고 있는 것은 반가운 일입니다.

여러분 자녀를 지원할 자료를 찾는 가장 좋은 방법은 똑같은 상황의 자녀를 둔 부모님들과 연계하는 것입니다. ADHD 자료를 인터넷에서 검색하는 것도 좋은 출발이 될 수 있습니다. 여러분의 자녀에게 맞는 전문가와 지원체제를 찾기까지 많은 전화통화와 질문을 해야 하지만, 그것은 가치 있는 일입니다.

가능한 한 최대한 여러분 스스로를 교육시켜야 합니다. 공공도서관이나 인터넷에 들어가면 점점 더 늘어 가고 있는 풍부한 ADHD에 대한 정보를 접할 수 있습니다. 여러분이 사는 지역에 부모지원단체가 있다면 가입하십시오. 그런 부모지원단체가 가까이 없다면 다른 부모들과 힘을 모아 단체를 만드십시오. 여러분 자녀의 학교 상담가나 소아과 의사에게 지역사회에 있는 지원자료에 대해 문의하십시오.

• 국외 참고 사이트 및 도서 •

도움이 되는 웹사이트

ADDvance

www.ADDvance.com

ADDvance는 ADHD에 관한 정보와 자료에 대한 것으로, Kathleen Nadeau 박사와 Patricia Quinn 의사가 만든 것이다. 부모님, 청소년, 대학생, 성인, 소녀와 여자성인, 전문가를 위한 부분이 구별되어 있다.

CHADD(Children and Adults with Attention-Deficit/Hyperactivity Disorder)

www.chadd.org

CHADD는 미국 내에서 가장 큰 ADHD 옹호 단체로 회원이 20,000명이 넘는다. CHADD는 지방지원 단체를 후원한다. CHADD는 또한 ADHD의 진단과 치료 정보에 대한 자료센터를 가지고 있다. 월간지 'Attention!'을 구독하면 회원이 될 수 있다.

LDA(Learning Disabilities Association of America)

www.ldanatl.org

LDA는 비영리 단체로, 회원이 40,000명이 넘는 학습장애 옹호 단체이다. LDA는 지방지원 단체를 후원한다. 회원이 되려면 LDA 소식지를 구독해야 한다. LDA는 ADHD나 학습장애나 그와 관련 있는 책을 소장하고 있는 온라인 서점을 갖고 있다.

LD Online

www.ldonline.org

이 웹사이트는 부모님이나 아이들을 위해 학습장애나 ADHD나 그와 관련 있는 주제에 대한 창의적인 최신 자료를 온라인 기사, 책 비평, 지원자료 목록 등으로 제공한다. 또한 'online kidzone'이라는 부분을 만들어서 아이들에게 아이들 수준에 맞는 정보와 기사, 대회 등을 알려 준다.

부모님을 위한 추천도서 목록

- ADD/ADHD Behavior-Change Resource Kit (1998)
  저 자 : Grad Flick 박사
  출판사 : Jossey-Bass (뉴욕)

- All About Attention Deficit Disorder: Symptoms, Diagnosis and Treatment (2판) (2000)
  저 자 : Thomas W. Phelan 박사
  출판사 : Child Management Inc. (일리노이, Glen Ellyn)

- Daredevils and Daydreamers: New

Perspectives on Attention-Deficit/ Hyperactivity Disorder (1998)
저　자 : Barbara Ingersoll 박사
출판지 : Doubleday(뉴욕)

• How to Reach and Teach ADD/ADHD Children (1993)
저　자 : Sandra F. Rief
출판지 : Center for Applied Research in Education (뉴욕, West Nyack)

• Raise Your Child's Social IQ: Stepping Stones to People Skills for Kids (2000)
저　자 : Cathi Cohen, LCSW
출판지 : Advnatage Books (메릴랜드, Silver Spring)

• Rewards for Kids! Ready-to-use Charts & Activities for Positive Parenting (2003)
저　자 : Virginia Shiller 박사
출판지 : APA LifeTools (워싱턴 DC)

• Straight Talk About Psychiatric Medications for Kids (1999)
저　자 : Timothy Wilens 의학 박사
출판지 : Guilfor Press (뉴욕)

• Understanding Girls with ADHD (1999)
저　자 : Kathleen Nadeau 박사, Ellen Littman

박사, Patricia Quinn 의학 박사
출판지 : Advantage Books (메릴랜드, Silver Spring)

아이들을 위한 추천도서 목록

• The Adventures of Phoebe Flower 시리즈 (4권) (1998-2002)
저　자 : Barbara Roberts
출판지 : Advantage Books (메릴랜드, Silver Spring)

• All Kinds of Minds (1993)
저　자 : Mel Levine 의학 박사
출판지 : Educators Publishing Service (메사추세츠, Cambridge)

• The Best of 'Brakes': An Activity Book for Kids with ADD (2000)
편집인 : Patricia Quinn 의학 박사, Judith Stern
출판지 : Magination Press (워싱턴 DC)

• The Don't-Give-Up Kid(2판) (1996)
저　자 : Jeanne Gehret 석사
출판지 : Verbal Images Press (뉴욕, Fairport)

• Help is on the Way: A Child's Book About

ADD (1998)

   저   자 : Marc Nemiroff 박사, jane Annunziata

           심리학 박사

   출판지 : Magination Press (워싱턴 DC)

• Otto Learns About His Medicine: A Story
  About Medication for Children with ADHD
  (3판) (2001)

   저   자 : Matthew Galvin 의학 박사

   출판지 : Magination Press (워싱턴 DC)

• Putting on the Brakes (개정판) (2001)

   저   자 : Patricia Quinn 의학 박사, Judith

           Stern

   출판지 : Magination Press (워싱턴 DC)

• The 'Putting on the Brakes' Activity Book
  for Young People with ADHD (1993)

   저   자 : Patricia Quinn 의학 박사, Judith Stern

   출판지 : Magination Press (워싱턴 DC)

• Seven Secrets of Highly Successful Kids

   저   자 : Peter Kuitenbrouwer

   출판지 : Lobster Press (몬트리얼)

• Sparky's Excellent Misadvantures: My
  ADD Journal, By Me(Sparky) (2000)

   저   자 : Phyllis Carpenter, Marti Ford

   출판지 : Magination Press (워싱턴 DC)

• 국내 참고 사이트 및 도서 •

전문기관(관련 사이트)

http://www.adhd.or.kr
힘찬이 ADHD

http://www.teacher.adhd.or.kr
힘찬이교육지원센터

http://www.kacap.or.kr
대한소아청소년정신의학회

http://www.kise.go.kr
국립특수교육원

http://www.mohw.go.kr
보건복지부

http://www.youthlove.or.kr
서울시소아청소년광역정신보건센터

http://www.seoulmind.net
서울시정신보건네트

http://www.childhosp.seoul.go.kr
서울특별시 시립어린이 병원

http://www.mentalhealth.or.kr
경기도지역사회정신보건사업

http://www.kyci.or.kr
한국청소년상담원

http://www.adongclinic.co.kr
한국아동상담센터

http://www.schoolstar.net
성장학교 별

카페 · 부모 모임

http://cafe.daum.net/ADHDParents
ADHD 부모모임

http://cafe.daum.net/adhdroom
ADHD 부모님의 쉼터

http://cafe.daum.net/adhdtic
ADHD 상담 카페

http://cafe.daum.net/echild
전문가와 함께하는 부모교실

http://cafe.daum.net/adhdtic
ADHD와 틱장애-행복한 아이를 위해

http://cafe.daum.net/ticparents
틱장애 부모모임

http://cafe.daum.net/KoTSA
한국뚜렛병협회

http://cafe.naver.com/asperger.cafe
아스퍼거 가족모임방

http://cafe.daum.net/dyslexia7
꿈을 찾아가는 아이들 LD 부모모임

ADHD 관련 도서

ADHD학교상담
George J. DuPaul 외 공저 | 김동일 역 | 학지사

ADHD 가족치료
Craig A. Everett 외 공저 | 김동일 역 | 학지사

한방으로 치유하는 ADHD
쩌우쯔원 외 공저 | 청담아이누리한의원 역 |
북피아

**ADHD로 고통받는 아이들(어른들이 꼭 알아야
할 우리 아이 정신건강 클리닉 시리즈 3)**
Cai Yiming 저 | 서유진 역 | 즐거운 상상

ADHD 아동의 재능
Honos-Webb Lara 저 | 양돈규 외 공역 |
시그마프레스

ADHD 아동을 위한 진료매뉴얼 세트
미국소아과학회 저 | 최용재 역 | EPUBLIC

ADHD에 대한 가장 완전한 지침서
미국소아과학회 저 | 이퍼블릭(범문사)

ADHD학생을 돕기 위한 교사와 부모의 역할
박형배 저 | HBI

ADHD의 진단과 치료
김해란 저 | 특수교육

주의력결핍 과잉행동 클리닉(산만한 우리 아이
집중력 키우기)
Sauve Colette 저 | 한국아동상담센터 역 |
한울림스페셜

주의력결핍 및 과잉행동 장애(주의산만하고
유별난 아이)
신현균 외 공저 | 학지사

주의력결핍 · 과잉행동 장애의 이해
Zeigler Dendy Chris A. 외 공저 | 김세주 외
공역 | 시그마프레스

부모와 교사 임상가들을 위한
어린이의 과잉행동과 치료
바바라 잉거솔 저 | 김동성 역 | 홍익재

주의력 결핍 · 과잉행동 아동의 행동지도 방법
이상복 저 | 대구대학교출판부

주의력 결핍 · 과잉행동장애(교사를 위한 지침서)
캐롤 도우디 외 공저 | 강옥려 역 | 파라다이스
복지재단

한국 주의력결핍 · 과잉행동장애 진단검사
이상복 저 | 테스피아

ADHD의 이해(주의력 결핍 과잉 행동 장애의
진단과 치료)
Green Christopher 저 | 김선경 역 | 민지사

산만한 우리 아이 어떻게 가르칠까?
조수철 외 공저 | 샘터사

내 아이의 생존전략서(왕따는 안돼!)
홍현주 저 | 무공해생활

산만한 아이, 진욱이의 집중력 다지기 한판승
서천석 외 공저 | 한울림

말썽꾸러기 꿈틀이도 잘할 수 있어요
정성심 저 | 다전

Kathleen G. Nadeau 박사는 수년 동안 ADHD 아이들이나 성인들과 함께 일해 온 임상심리 전문가로 메릴랜드 주 Silver Spring에 있는 Chesapeake Psychological Services of Maryland의 책임자이다. 아이, 청소년, 성인, 전문가를 위해 ADHD에 대한 많은 책을 썼으며, 미국이나 해외에서 ADHD에 관한 주제 강연을 하고 있다. 이 책에 있는 많은 생각들은 ADHD를 가진 자신의 자녀를 기르면서 나온 것들이다.

Ellen B. Dixon 박사는 주의집중 장애와 신경심리학 조건에 대한 다른 진단과 치료에 대해 전문적으로 일해 온 임상심리 전문가이다. 그녀의 표현대로 '생기 있고, 감동적이고, 창조적이고, 아찔할 만큼 에너지가 넘치는' 아이들과 그 아이들의 가족들과 함께 일하는 것은 임상심리 전문가인 그녀에게 큰 기쁨을 주고 있다. Dixon 박사는 버지니아 주에 있는 Great Bridge area of Chesapeake에서 일하고 있다.

양명희 현재 광신대학교에서 교수로 재직하면서 특수교육을 가르치고 있다. 교육인적자원부 국비유학생으로 선발되어 미국 오리건 대학교 특수교육학과에서 정서 및 행동장애 전공으로 석사, 박사 학위를 취득하였다. 유학기간에 미국 연방정부 교육부(U.S. Department of Education)로부터 연구지원금을 수혜받아 아동의 교실 문제행동 지도방법에 관한 연구를 수행한 바 있다. 귀국 후에는 한국학술진흥원의 후원으로 박사 후 연수 과정에서 고립아동의 사회적 향상을 위한 자기관찰기법을 연구하였다. 전주대학교 교수를 역임하였으며, 현재는 주로 현직 교사를 교육하는 일에 주력하고 있다. 자기관리방법, 선택적 함묵아동, 개별대상연구방법, 학습부진아 교육, 정서장애의 명칭, 인지-행동주의 기법 등에 관한 다수의 논문을 발표하였다. 남편과 세 자녀와 함께 광주에서 살고 있다.

황명숙 미국에서 아동중심놀이치료의 대가로 알려진 Gerry Landreth 박사의 제자로서 현재는 광신대학교 유아교육학과 교수로 재직하고 있다. 대학교부설 놀이치료연구소를 만들어 어린이 놀이치료와 함께 치료사훈련 프로그램 개발에 시간을 투자하고 있다. 또한 동 대학교 상담치료특수대학원 아동상담 치료학과 주임교수이기도 하다. 저서로는 『아동중심놀이치료-아이사랑클리닉(2002)』이 있고 어린이 두뇌계발과 놀이치료사례에 관한 다수의 논문을 발표했으며 『모래상자기법-실제지침서(2007)』를 번역하였다. 한국아동학회의 상담가 자격관리위원과 아동학대예방센터의 사례판정위원으로 일하고 있으며 일반부모와 현장교사들을 위하여 매년 정기적인 놀이치료 워크숍을 개최하고 있다. 가족으로는 남편과 두 아들이 있다

얘들아! 천천히 행동하고 주의집중하는 것을 배워 보자

-ADHD 극복하기-

Learning to slow down and pay attention
A Book for Kids About ADHD, Third Edition

2007년 10월 10일 1판 1쇄 발행
2021년 3월 25일 1판 5쇄 발행

지은이 | Kathleen G. Nadeau, Ph. D. · Ellen B. Dixon, Ph. D.
옮긴이 | 양명희 · 황명숙
펴낸이 | 김진환
펴낸곳 | (주) 학지사

　　　　04031 서울특별시 마포구 양화로 15길 20 마인드월드빌딩
　　　　대표전화_ 02-330-5114　팩스_ 02-324-2345
등록번호 | 제313-2006-000265호
홈페이지 | www.hakjisa.co.kr
페이스북 | https://www.facebook.com/hakjisabook

ISBN 978-89-5891-537-9 03370

가격 12,000원

이 도서의 국립중앙도서관 출판시도서목록(CIP)은
e-CIP 홈페이지(http://www.nl.go.kr/cip.php)에서 이용하실 수 있습니다.
(CIP제어번호 : CIP2007002845)

출판 · 교육 · 미디어기업 학지사

간호보건의학출판 학지사메디컬 www.hakjisamd.co.kr
심리검사연구소 인싸이트 www.inpsyt.co.kr
학술논문서비스 뉴논문 www.newnonmun.com
원격교육연수원 카운피아 www.counpia.com